팔만대장경 ②

누구나 다 알지만
잘 안읽은 이야기

②

누구나 다 알지만
잘 안읽은 이야기

팔만대장경

말씀한 이: 부처님
엮은이: 신현득
그림그린이: 송교성

솔바람

차례

책머리에
팔만대장경은 이야기의 산이지요 6

1 겉만 보고는 모른다

야문 부리와 연한 부리 _13

앵무새 왕의 슬기 _15

겉만 보고는 모른다 _16

세월이 바뀌었을 뿐 _19

비타라 주문을 외운 사나이 _21

배 띄우기 전에 배삯을 받아라 _22

제 그림자를 잘못 보고 _25

시간을 모르는 닭 _26

길잡이가 없으면 길을 잃는다 _28

큰 돌을 갈아서 _31

2 내 것이란 없다

거북과 여우 _35

승냥이는 어림없어 _36

다투다가 다 잃어 _38

금을 훔친 솜 장수 _40

이론을 많이 아는 선장 _42

제 잘못을 모르고 _44

시비왕의 희생 _46

머리와 꼬리 _48

돈을 사람으로 보지 말라 _50

내 것이란 없다 _53

3 이리로 흐르지 말라니까

때보나라의 꾀보 _56

이리로 흐르지 말라니까 _58

헛것에 쫓기는 아이들 _60

달아난 하인 _62

나뭇가지에 맞은 여우 _64

쥐가 쏠은 옷 _66

참기 어려운 것을 참아 _68

바보형 재산 나누기 _70

지혜라는 무기 _72

원숭이의 간 _76

책머리에
팔만대장경은 이야기의 산이지요

국보 32호 팔만대장경은, 나라의 보물입니다. 유네스코에서 세계 기록 유산으로 지정한 세계의 보물이기도 합니다.

해인사 대장경은 고려 고종 임금 때 몽고가 침입하자, 부처님 힘을 빌어 나라를 지키기 위해서 1237년부터 16년 동안에 이룩한 것입니다. 호국정신에서 이룬 국가사업이었습니다.

그것은 우리 조상님들이 부처님 말씀 모두를 한 자씩 나무에 새겨서 만든, 8만 1천 258매의 경판입니다.

우리 조상님들은 이 한 자, 한 자를 새기면서 외적이 물러나서 나라에 평화가 오기를, 국민 모두 잘 살게 되기를, 후손이 잘되기를 빌었다 합니다. 팔만대장경은 우리 조상님들이 쌓은 정성더미입니다.

여기에 새겨진 부처님의 가르침은 아주 알기 쉬운 것입니다. 지키기도 쉬운 것이지요. 그 말씀을 다음 몇 마디로 간추릴 수 있습니다.

―착한 일을 하라. 착한 일을 하면 복이 온다. 나쁜 일을 하지 말라. 나쁜 일을 하면 화를 만난다.

이 가르침은, 착한 일을 한 만큼 복이 오니 착한 일을 많이 하라는 가르침입니다. 이것은 하나의 과학이지요. 나쁜 일을 한 사람에게 복이 오는 일은 절대 없으니까요. 부처님의 말씀 전체가 '복 짓는 방법 배우기'입니다.

인류의 스승이신 부처님은, 지구촌 모두가 그 가르침을 실천해서 복 받기를 바라셨습니다. 그래서 더 쉽게 부처님 공부를 할 수 있도록, 재미있는 이야기를 곁들이셨어요. 이것이 '불교 설화', '불교 동화'입니다.

부처님이 들려주신 이야기는 많고 많아서 몇 편이 되는지는 아직까지 밝혀내지 못하고 있습니다. 간단히 '이야기의 산'이라 하면 될 것입니다. 팔만대장경은 복 짓는 이야기의 산입니다.

그래서 지구촌 사람들은 부처님을 세계 최초의 이야기 할아버지로 보게 되었고, 부처님 말씀인 팔만대장경이 세계 아동문학의 보배 창고인 걸 알게 되었습니다.

부처님은 "나는 수많은 전세상에서 복을 지어 부처가 되었다." 하고, 전생 이야기를 많이 하셨는데 이를 '본생담'이라 합니다.

부처님은 전생에, 착한 코끼리의 왕, 착한 원숭이의 왕, 착한 사슴의 왕, 착한 토끼의 왕, 착한 공작새의 왕, 착한 물고기의 왕으로 있으면서 착한 일로 공덕을 쌓아 부처님이 되셨습니다.

본생담 547개 이야기를 하나로 엮은 '본생경'이 이루어진 것은, 기원

전 4세기였습니다. '세계 아동문학사'에서 본생경을 세계 최초의 동화집으로 기록하고 있습니다. 이 이야기를 모두 부처님이 하셨으니 부처님은 세계 최초의 동화작가셨습니다.
부처님이 들려주신 이야기 산의 일부인 본생경을 '자타카'라고도 하는데, 자타카가 유럽에 전해져서 이솝이야기의 일부가 되었다는 것은 퍽이나 흥미 있는 사실입니다. 몇 가지 이야기만 찾아볼까요?
대머리에 붙은 파리를 잡기 위해 몽둥이로 사람을 다치게 한 본생경 44번째 「모기의 전생이야기」가 이솝이야기의 「대머리 남자와 파리」가 되었습니다.
본생경 189번째 「사자 가죽을 쓴 나귀」가, 이솝이야기의 「사자 가죽을 쓴 나귀」가 되었지요. 사람들이 사자 가죽을 쓴 나귀를 사자로 알고 있었는데, 그 나귀가 나귀 울음소리를 냈다가 본색이 드러난 이야기입니다.
암코양이가 나뭇가지에 앉은 닭을 속여서 잡아먹으려다 실패하는, 본생경 383번째 「닭의 전생이야기」는 이솝이야기 「여우와 닭」이 되었답니다. 팔만대장경 이야기가 이솝이야기가 된 것입니다.
이처럼 팔만대장경은 이야기의 산이요, 인류의 보물입니다.

이 책 『누구나 다 알지만 잘 안읽은 이야기 팔만대장경』은 엮은이가 2011년 1월부터 2012년 12월까지 법보신문에 연재한 『신현득 할아버지의, 부처님이 들려주신 이야기란다』에서 뽑은 것입니다. 팔만대장경 이야기 중에서 '아함경 이야기'를 내용으로 한 동화들입니다.
독자들은 우리 조상들이 호국정신에서 이룩한 이 팔만대장경에서 부처님이 들려주신 복 짓는 여러 지혜를 배우게 될 것입니다.
어른들은 아이에게, 아이들은 어른에게 서로 읽어주며 이야기 나누는 책이 되길 바랍니다.

1

겉만 보고는 모른다

야문 부리와 연한 부리

카디라바니야라는 딱다구리는 줄기가 야문 갈지라나무 숲에 살았습니다. 칸다가라카라는 딱다구리는 줄기가 무른 파리밧타가나무 숲에 살았습니다. 카디라바니야는 갈지라나무 줄기를 쪼아 벌레를 잡아 먹었습니다. 칸다가라카는 파리밧타가나무 줄기를 쪼아 벌레를 잡아 먹었습니다.

어느 날 칸다가라카 딱다구리가 카디라바니야 딱다구리를 찾아왔습니다. 카디라바니야는 야문 갈지라나무를 쪼아서 맛있는 벌레를 잡아, 칸다가라카를 대접했습니다.

그러자 칸다가라카는 말했습니다.

"나도 이 나무를 한 번 쪼아 보자. 나도 벌레를 잡아 보겠네."

"안 되네. 파리밧타가나무나 쪼던 그런 연약한 부리로 야문 갈지라나무를 쪼다가는 큰일 나네."

그러나 칸다가라카는 카디라바니야의 말을 듣지 않았습니다. 부리에 힘을 주어 갈지라나무 줄기를 쪼았습니다.

"아야, 아야!"

칸다가라카의 부리가 단번에 부서지고 말았습니다.

(본생경 210번째 이야기)

앵무새 왕의 슬기

앵무새 고기를 즐기는 왕이 있었습니다. 왕이 전국에 방을 내걸었습니다.

－앵무새를 잡아오너라. 비싼 값으로 사들이겠다. 많이 잡아 오면 후한 상을 준다.

사냥꾼들이 다투어 앵무새를 잡아다 왕에게 바쳤습니다. 앵무새 왕이 많은 앵무새 무리와 같이 사냥꾼의 그물에 잡혔습니다. 왕궁으로 잡혀간 앵무새 왕과 앵무새들은 큰 새장 안에 갇히었습니다. 새장 안에는 맛있는 모이가 넉넉하게 있었습니다.

"우리는 잡혀오길 잘했다. 산에서 먹이에 굶주리기보다 열 배는 낫군."

앵무새들은 좋아하며 모이를 쪼아먹었습니다.

앵무새 왕이 조용히 타일렀습니다.

"주방장이 모이로 우리를 살찌우려는 것은 맛나는 요리감을 만들기 위해서다. 욕심을 버려야 살 수 있다. 탐욕은 감옥이 되고, 그물이 되고, 독이 되고, 칼이 된다."

그러나 앵무새들은 앵무새 왕의 말을 듣지 않았습니다. 그러다가 살이 찐 앵무새부터 붙잡혀 주방으로 가는 것이었습니다.

앵무새 왕은 모이를 탐하지 않고 굶주렸습니다. 그러자 몸이 야위어 새장 틈으로 빠져나올 수 있었습니다.

"나는 욕심을 여의었으므로 마침내 살아났다. 저 앵무새 무리들은 어찌 저렇게도 어리석은고?"

자유를 얻은 앵무새 왕은 무리를 모두 구하지 못한 것이 슬펐습니다.

(육도집경 정진도무극장)

겉만 보고는 모른다

수미산 남쪽에 높이 사천 리에 이르는 큰 나무가 있었습니다. 이 나무에는 코끼리보다 몸집이 큰 가루다 떼가 둥지를 틀고 깃들어 있었습니다. 그러나 나무는 가루다의 몸무게 때문에 움직이는 일이 없었습니다. 그런데, 어느 날 메추리만한 새가 이 나무에 와서 앉았는데 나무가 이리저리 흔들렸습니다.
가루다가 나무에게 물었습니다.
"몸뚱이가 무거운 우리 가루다 새들이 떼를 지어 살아도 나무는 움직이지 않았소. 그런데 저렇게 쬐그만 새가 날아와 앉았는데 나무가 움직이다니요?"
나무가 대답했습니다.
"겉으로만 보고 그 새를 모른다. 이 새는 몸뚱이가 작지만 바다 밑에 숨은 금강석만 먹는다. 오랜 세월, 먹은 금강석의 무게가 작은 몸에 모두 담겨 있느니라."
(중경 찬 잡비유경 14번째 이야기)

*수미산 우주의 한복판에 솟아 있다는 상상의 산
*가루다 새의 왕이라는 상상의 새로 용을 먹이로 한다고 함. 금시조나 가루라라고도 함

세월이 바뀌었을 뿐

미남, 미녀가 한 쌍의 부부가 돼 살았습니다. 너무도 다정스러워서 서로 곁을 떠나지 않았습니다.
그러다가 부부에게는 불행이 닥쳤습니다. 병에 걸려 다같이 눈이 멀게 된 것입니다.
부부는 서로의 얼굴을 보지 못해 안타까웠습니다. 아내는 남편을 잃을까 봐 걱정을 하고, 남편은 아내를 잃게 될까 봐 걱정을 했습니다.
서로 곁에 두고도 목소리로 확인을 했습니다.
"여보, 어디 있어요."
"나 여기 있소."
그것도 미덥지 않아 서로 얼굴을 만져 보기까지 했습니다.
이렇게 고생하던 부부는 다 늙어서야 용한 의사를 만나게 되었습니다. 친척이 먼 곳에서 의사를 데리고 와서, 눈을 고치게 한 것입니다.
의사는 부부를 마주 앉혀 놓고 눈이 밝아지는 약을 먹였습니다.
똑같이 눈이 밝아졌습니다. 그런데 눈을 뜬 부부는 같이 큰 소리로 부르짖었습니다.
"그 훤칠하던 내 남편은 어디 갔지? 저 늙은이는 내 남편이 아니야!"
"그 예쁘던 내 아내는 어디갔지? 저 늙은이는 내 아내가 아니냐!"
그 때, 친척 한 사람이 나서서 말했습니다.
"자네들 내외는 바뀌지 않았네. 그 동안 세월이 바뀌었을 뿐이야."
(출요경 무상품)

비타라 주문을 외운 사나이

한 사나이가 근심에 잠겨 있었습니다.
"왜 근심을 하고 있나?"
친구가 물었습니다.
"나를 미워하는 사람이 있네. 그자를 지옥에 보내야겠어. 그 생각으로 잠이 오지를 않네."
"비타라 주문을 외우면 될 수 있지. 그러나 외우는 사람의 마음이 깨끗해야 되네. 남을 미워하는 마음이 있으면 대신 지옥에 떨어진다네."
"안심하게, 나는 그 자를 보복할 생각만 있지 미워하는 건 아니니까 가르쳐주게."
비타라 주문을 배운 사나이는 주문을 외우기 시작했습니다.
"비타라 비타라. 나를 미워하는 자는 지옥으로 가라. 비타라!"
주문이 끝나자 땅이 입을 짝 벌렸습니다.
"지옥으로 가라! 지옥으로 가라! 나를 미워하는 자……."
그런데 입을 벌린 땅이 뜻밖에도 주문을 외우던 사나이를 삼켜, 지옥으로 떨어뜨리고 있었습니다.
"어? 저 사람은 자기가 주문을 외워 지옥을 가네."
보는 사람들이 놀라고 있었습니다.
주문 외운 자의 마음이 깨끗했을까요?
(백유경 68번째 이야기)

배 띄우기 전에 배삯을 받아라

강을 건너 주는 뱃사공 아바리야피타는 강을 건너 준 다음 배삯을 받았습니다. 그래서 배삯을 안 주려고 다투는 사람이 있었습니다. 사공은 한 스님을 배에 태워 건넨 후 삯을 달라고 했습니다.

"배삯이 얼마요?"

"한 푼입니다."

"나는 돈 한푼에다 더 값진 것을 얹어 주겠소. 그것은 배를 띄우기 전에 배삯을 거두라는 거요. 다툼을 없애는 쉬운 방법이지요."

(본생경 376번째 이야기)

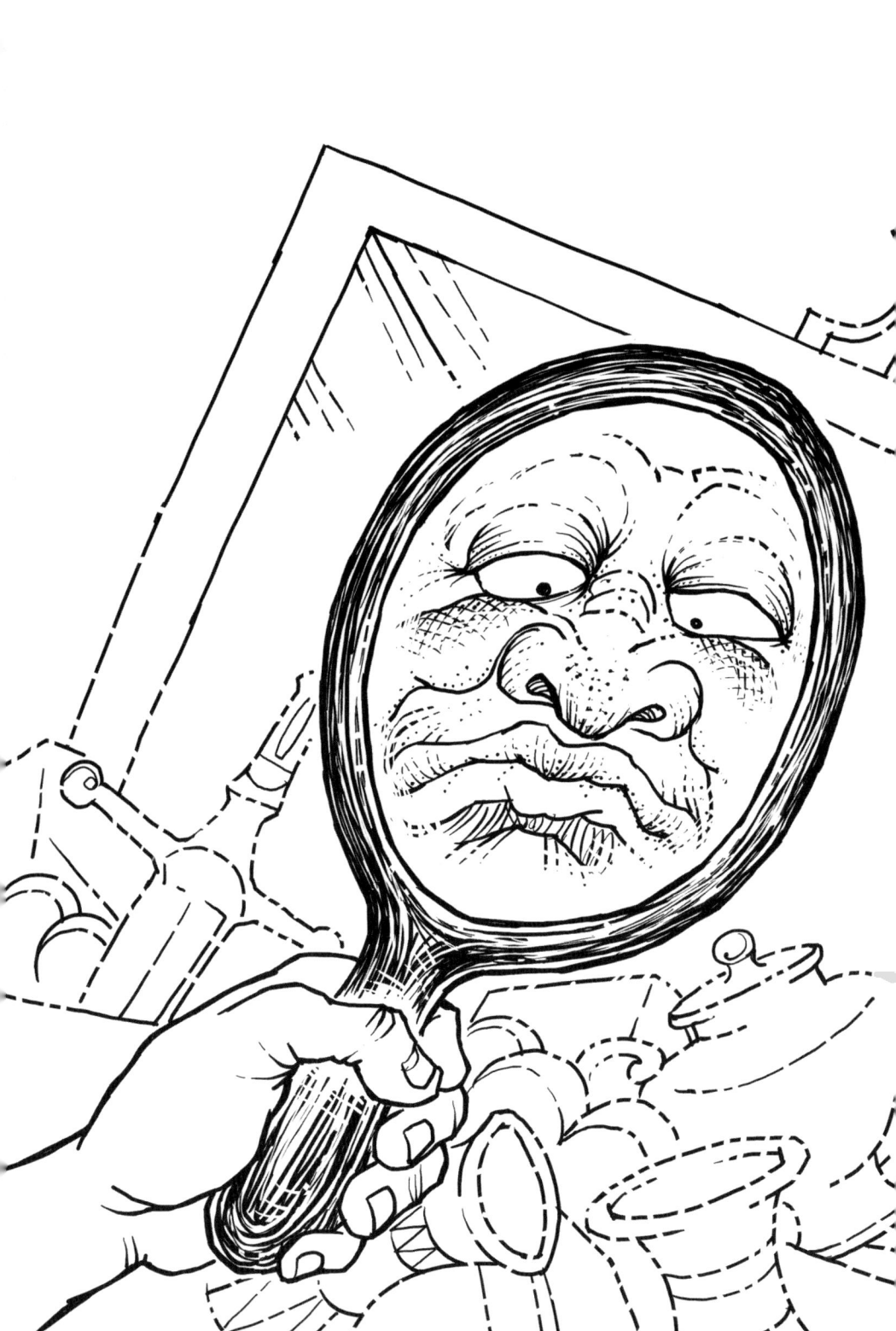

제 그림자를 잘못 보고

어리석은 가난뱅이가 아무도 없는 들판에서 뚜껑이 열린 보물 상자 하나를 주웠습니다.
"야, 이건 횡재다. 가난을 면하게 되었군."
그는 좋아 날뛰다가 상자의 뚜껑을 닫으려 했습니다. 보물 상자 뚜껑에는 거울 하나가 붙어 있었습니다.
"어? 이건 무엇일까?"
거울을 처음 보는 가난뱅이가 그 속을 들여다보았습니다. 거울 속에는 험상궂은 얼굴을 한 사나이가 바깥을 노려보고 있었습니다. 깜짝 놀란 그는 두 손으로 빌면서 말했습니다.
"잘못했어요. 주인이 여기 계신 줄은 몰랐지요. 상자 뚜껑이 열려 있어서 들여다보았을 뿐이어요."
어리석은 가난뱅이는 제 그림자를 잘못 보고 보물을 둔 채 달아났습니다.
(백유경 35번째 이야기)

시간을 모르는 닭

젊은이 한 사람이 때를 맞추어 시간을 알리는 수탉을 기르고 있었습니다. 새벽에 닭이 울면 일어나서 글을 읽기 시작했습니다.

그런데 시간을 맞춰 울던 닭이 죽고 말았습니다.

'이거 도무지 시간을 짐작할 수가 없어. 다시 수탉 한 마리를 구해야겠군.'

젊은이는 생각했습니다.

어느 날 젊은이는 숲에서 섶나무를 줍고 있다가 산닭 한 마리가 돌아다니는 걸 보았습니다. 수컷이었습니다.

"울어 줄 닭이 없던 참에 마침 잘 되었다."

젊은이는 닭을 붙잡았습니다. 그리고 닭장에 넣어 두고 잘 길렀습니다.

그런데 이 닭은 숲에서만 자랐으므로 어느 때 울어야 하는지를 잘 몰랐습니다.

"꼬끼오!"

닭은 한밤중에 울 때도 있었습니다.

"벌써 날이 새려 하나?"

젊은이는 닭소리를 듣고 일어나 경을 외우고 공부를 시작했습니다. 그러나 밤중에 일어났으므로 해가 뜰 무렵부터 졸려서 견딜 수 없었습니다. 낮에는 아무 일도 할 수 없게 되었습니다.

"꼭꼭끼요!"

닭은 초저녁에도 울었습니다. 더러는 날이 다 샌 다음에 우는 때도 있었습니다.

"이 닭을 믿다가는 공부도, 일도 할 수 없단 말이야. 반찬감으로밖에 쓰이지 못할 닭이로군."

젊은이는 닭을 잡아 요리를 만들었습니다.

(본생경 119번째 이야기)

길잡이가 없으면 길을 잃는다

보석 상인 500명이 선단을 조직하여 먼바다의 섬으로 보물을 캐러 나섰습니다. 많은 돈을 주고 보물섬을 잘 아는 길잡이 한 사람을 구했습니다. 길잡이를 앞세워 배를 띄웠습니다. 이번에는 상인들이 바다 신에게 제사 지내는 문제를 의논하게 되었습니다.
"바다 신을 달래야 하네. 사람 하나를 제물로 바다의 신에게 바쳐야 해. 그러지 않으면 우리 모두 탈없이 보물을 캐 오지는 못하네. 바다 신이 한 번 노하면 산더미같은 파도를 일으켜 우리를 모두 죽게 만드네."
"그럼 누가 제물이 되겠는가?"
제물이 되겠다고 나서는 사람은 없었습니다.
"우리 모두는 아는 사이이고 친구간이야. 누구를 죽일 수는 없지 않나. 저 길잡이를 제물로 바치는게 어때?"
"그 방법이 좋겠네."
상인들은 길잡이를 붙잡아 바다 신의 제물로 바쳤습니다.
"그런데 이거 야단났구나."
길잡이가 없어지자 배는 가는 길을 잃고 말았습니다.
길을 잃은 500명의 상인들은 바다를 떠돌아다니다가 모두 목숨을 잃었습니다.

(백유경 14번째 이야기)

큰 돌을 갈아서

미련한 한 사람이 커다란 돌을 갈고 있었습니다.
"무엇을 만들려고 그러나?"
친구들이 와서 물었습니다. 그러나 미련이는 대답했습니다.
"두고 보면 알게 될 걸세."
한 달이 가고 두 달이 갔습니다. 봄이 가고 여름이 가도, 미련이는 돌을 갈고 있었습니다. 일 년이 걸려 미련이는 장난감 송아지 한 마리를 만들었는데 손가락만한 크기였습니다.
"미련하군. 그 큰 돌로 요렇게 작은 송아지를……."
"처음부터 작은 돌을 갈 것이지."
"노력에 비해서 이룬 것은 보잘것없군."
사람들은 미련이를 비웃었습니다.

(백유경 43번째 이야기)

2
시비왕의 희생

거북과 여우

굶주린 여우가 먹이를 찾아 다니다가 강가에서 거북을 만났습니다.
'좋은 먹이가 생겼구나!'
여우가 속으로 생각하며 거북에게 달려들자 거북은 껍질 속에 몸을 숨겨 버렸습니다.
여우는 달려들어 거북을 깨물어 봤습니다. 단단한 껍질은 부서지지 않았습니다. 이리저리 굴려 보아도 소용이 없었습니다.
"네 놈이 언젠가는 머리를 내놓을 것이다."
　여우는 그 자리에 앉아 거북이 머리를 내놓을 때까지 기다렸습니다.
　　그런데, 아무리 기다려도 거북은 머리와 다리를 내놓지 않았습니다.
　　　지친 여우는 화를 내며 그 자리를 떠났습니다.
　　　　(장아함경 구경)

승냥이는 어림없어

승냥이 한 마리가 사자를 만났습니다. 달아날 수 없게 된 승냥이는 그 자리에 넙죽 엎드렸습니다.
"승냥아, 무얼 하고 있느냐?"
사자가 물었습니다.
"나리님께 절을 하고 있습니다. 저는 나리님을 섬기고 싶어요."

급해서 승냥이는 거짓말을 둘러대었습니다.
"그러면 따라오너라."
사자는 승냥이를 데리고 굴로 왔습니다. 와서는 날마다 고기를 가져다 먹이면서 승냥이를 길렀습니다. 사자의 도움을 받으며 몸이 자란 승냥이는 교만한 마음이 생겼습니다.
'사자란 별것 아니군. 나도 사자처럼 할 수 있다.'
이렇게 생각한 승냥이는 사자에게 말했습니다.
"나리님, 저는 나리님 신세만 져 왔습니다. 여태까지 나리님은 고기를 가져다 저를 길러 주셨어요. 오늘은 나리님이 여기 계십시오. 제가 나가서 코끼리를 잡아오겠습니다."
사자가 말렸습니다.
"승냥아, 그건 턱없는 생각이다. 너는 코끼리를 잡을 수 없다. 코끼리는 몸이 크다. 그리고 긴 이빨이 있다. 너한테 잡힐 짐승이 아니다."
그러나 승냥이는 사자 말을 듣지 않았습니다. 승냥이는 굴을 나와 세 번 울고, 산기슭을 내려다보았습니다. 때마침 커다란 코끼리 한 마리가 거닐고 있다가 산위쪽을 바라보며 말했습니다.
"승냥이가 우는군. 너는 내 밥이야!"
승냥이가 먼저 달려가서 코끼리의 목덜미를 물려고 했습니다. 그러나 어느새 승냥이는 코끼리의 발 아래에 쓰러져 있었습니다. 코끼리는 앞발로 승냥이의 머리를 밟아 버렸습니다.

(본생경 335번째 이야기)

다투다가 다 잃어

두 비사사 귀신이 다투고 있었습니다. 상자와 지팡이, 신 한 켤레를 놓고 서로 많이 가지려고 하는 것입니다.
상자는 마법의 보물 상자였습니다. 이 안에서 의복·음식·평상·침구 등 생활 도구가 쏟아져 나옵니다.

지팡이도 마법의 지팡이였습니다. 이 지팡이만 가지고 있으면 어떤 적이라도 항복을 받을 수 있습니다.

신도 마법의 신입니다. 이 신만 신으면 허공을 날아다닐 수가 있습니다.

"내가 상자와 지팡일 가질래."

"아니야 내가 가질게. 너는……."

두 비사사 귀신은 시끄럽게 다투었습니다.

지나가던 사람이 두 귀신이 다투는 곁에 와서 물었습니다.

"왜 싸우냐? 사이좋게 지내지 않고."

두 귀신은 서로 자기 입장만 내세웠습니다.

"이 귀신이 욕심 많게 굴어서 그래."

"아니다. 그건 내가 할 소리야."

듣고 있던 사람이 물었습니다.

"저 상자는 무엇에 쓰는 거냐? 저 지팡이와 신은?"

귀신들은 그 쓰임을 가르쳐 주었습니다.

듣고 있던 사람이 말했습니다.

"그럴 것 없다. 내가 잘 알아서 나누어 주마. 저쪽으로 조금 물러서 있거라."

사람은 상자를 안고, 지팡이를 들고, 신을 신었습니다. 그리고 허공을 날아가며 말했습니다.

"너희들 다툼거리가 되는 이걸 내가 가져간다!"

두 귀신은 어쩔 수 없었습니다. 마법의 지팡이를 가진 자에게는 달려들지 못하니까요.

(백유경 41번째 이야기)

***비사사** 사람의 피를 마시는 귀신. 4천왕의 하나인 광목천왕의 부하

39

금을 훔친 솜 장수

어느 장터에 정직한 상인이 금방을 차려놓고 있었습니다.

그 곁에 솜을 파는 솜 장수가 와서 전을 폈습니다. 마음씨 나쁜 사람이었습니다.

"자, 헐한 툴라 솜을 사시오. 싸구려 솜이어요!"

떠들면서 솜을 파는 척했지만 솜 장수는 금방의 금덩이에 마음이 있었습니다.

'어떻게 하면 금덩이를 훔칠 수 있을까?'

기회를 엿보던 중, 금방에 손님이 왔습니다.

"금을 닷 돈만 삽시다. 순금이 틀림 없나요?"

"틀림 없고 말고요. 불에 달구어 보면 알지요. 저는 아주 정직한 상인이거든요."

금 장수는 숯불에다 금을 달구었습니다.

"이만하면 순금이라는 증명이 됐어요."

달구었던 금을 놓고 상인과 손님은 값을 흥정하고 있었습니다.

이때다, 하고 솜 장수는 뜨거운 금을 집어 툴라 솜 속에 감추어 버렸습니다.
"어? 금이 없어졌네."
"금방 여기 두었는데, 이거 귀신도 모를 일이로군."
금 장수는 곁에 있던 솜 장수에게 물었습니다.
"혹시 금덩이를 못 보셨나요?"
솜 장수는 벌컥 화를 내며
"금덩이라니? 나는 툴라 솜 팔기에 정신없어서 그런 건 못 보았소. 누굴 도둑으로 취급하나봐."
그런데 툴라 솜 속에서 솜 타는 냄새가 나기 시작했습니다. 금덩이에서 불이 붙은 것입니다. 금방 불꽃이 일더니 쌓아 둔 솜이 모조리 타 버렸습니다.
"금덩이가 여기 있네."
타 버린 재 속에서 금덩이가 나왔습니다.
"도둑을 잡았다!"
툴라 솜 장수는 관가에 잡혀가 감옥에 갇혔습니다.
(백유경 32번째 이야기)

***툴라 솜** 솜의 종류

이론을 많이 아는 선장

백 명의 뱃사람이 큰 배를 타고 보물을 캐러 떠났습니다. 한 달 동안 바다를 달려야 보물섬에 이릅니다.
뱃사람 중에는 젊은이 한 사람이 있었는데, 배 부리는 방법을 잘 외우는 사람이었습니다. 그는 이렇게 계속 떠들고 있었습니다.
"물이 소용돌이치거나 굽이치거나 물결이 높을 때는 배를 이렇게 몰아야 하는 거야……."
사람들은, 저 젊은이가 공부를 많이 한 사람이로군, 하고 그에게 '항해 박사'라는 이름을 붙여주었습니다.
그런데 보물섬에 못미쳐 선장이 죽고 말았습니다. 사람들은, 걱정할 것 없다. 저기 항해 박사가 있다, 하고 젊은이를 선장으로

뽑아 뱃일을 보게 했습니다.

항해박사는 남에게 들은 이야기나 책에서 읽은 것으로 아는 척하는 사람일 뿐이었습니다. 실제 선장이 되고 나니, 배 부리는 법을 한가지도 알지 못했습니다.

선장을 잘못 만난 배가 큰 소용돌이를 만났습니다. 소용돌이를 빠져나오지 못해 쩔쩔매었습니다. 겨우 소용돌이를 빠져나오자 이번에는 높은 파도를 만났습니다. 파도에서 헤어나지 못해 쩔쩔 매었습니다.

그러다가, 한 사람의 선원도 보물섬에 닿지 못하고 모두 목숨을 잃었습니다.

(백유경 66번째 이야기)

제 잘못을 모르고

지혜로운 거북 왕과 어리석은 거북 왕이 같은 숲에서 살았습니다.
지혜로운 거북 왕이, 도롱뇽 무리가 나무에 올라가서 떨어지고 있는
걸 보았습니다.

"저것이 코끼리를 놀라게 하겠군. 그렇게 되면 우리에게도 큰 화가 미치겠는데……."
지혜로운 거북 왕은 자기가 거느린 무리를 밖으로 나가게 했습니다. 그리고 다른 거북 왕과 무리에게도 그렇게 하기를 권했습니다. 그러나 어리석은 거북 왕과 무리는 말을 듣지 않았습니다.
며칠 뒤 코끼리 무리가 숲속을 지나갔습니다.
이때, 도롱뇽 무리가 수두룩 코끼리 등에 떨어졌습니다.
"아이! 징그러워!"
코끼리 무리는 갈팡질팡 날뛰었습니다. 그 바람에 나무 밑에 있던 여러 거북이 밟혀 죽거나 다쳤습니다. 겨우 살아남은 어리석은 거북 왕은, 자기 잘못을 뉘우치기는커녕, 슬기로운 거북 왕에게 벌컥 화를 냈습니다.
"왜 이런 일을 알면서 진작 일러주지 않았어?"
(육도집경 제6권 정진도 무극장)

시비왕의 희생

매에게 쫓긴 비둘기가 급히 시비왕의 품으로 들어왔습니다.
비둘기를 쫓던 매가 말했습니다.
"대왕님, 그 비둘기를 나에게 돌려주십시오. 그건 나의 밥입니다. 대왕님 것이 아닙니다."
"살려달라고 나에게 온 생명을 죽는 곳으로 돌려 줄 수는 없다. 나는 중생을 건지기로 다짐한 사람이다."
"그렇다면 나도 중생이어요. 나는 지금 배가 고픈 걸요. 오래 굶주려 왔어요."
"그럼 좋다. 내 살을 베어서 주마."
시비왕은 칼을 가지고 와서 자기의 다릿살을 베어내기 시작했습니다.
"그런데 대왕님. 비둘기의 무게만큼 주셔야 해요."
"그렇게 하마."
비둘기를 저울판에 올려놓고 저울눈이 평평할 때까지
다른 쪽 저울판에 다릿살을
베어놓았습니다.

저울은 좀처럼 평평해지지 않았습니다.
"대왕님이 한 생명을 살리기 위해 저처럼 고통을 받으신다."
둘러선 사람들과 하늘의 신들이 감동을 했습니다.
(중경 찬 잡비유경 상권 2번째 이야기)

*시비왕 부처님의 전신

머리와 꼬리

뱀의 머리와 꼬리가 다투었습니다.
"내가 제일이야!"
머리가 뽐내었습니다.
"어째서 네가 제일이냐? 잘난 건 나다!"
꼬리가 말했습니다.
"내게는 귀가 있어 들을 수 있다. 눈이 있어서 볼 수도 있다. 입이 있어 먹을 수도 있다. 갈 때는 앞서서 간다. 그러므로 내가 제일이야. 너는 그런 재주가 없으니 꼴찌야!
머리가 다시 말했습니다.

"내가 너를 가게 하니까 갈 수 있는 거야. 내가 따르지 않아도 갈 수 있니?"

화가 난 꼬리는 그렇게 대들고는 나무를 세 겹으로 감고 사흘 동안이나 몸을 놓아주지 않았습니다. 견디다 못한 머리는 꼬리에게 항복을 했습니다.

"그래, 그래. 네가 제일이고 잘난 것으로 하마. 내가 졌다."

"그럼, 내가 제일이니까 내가 앞서가야 돼."

"그래 그렇게 해라."

꼬리는 감았던 것을 풀고 앞서서 몸을 끌고 갔습니다. 그러나 꼬리에게는 눈이 없으므로 엄벙덤벙대기만 했습니다. 그러다가 얼마 못 가서 불구덩이에 빠지고 말았습니다.

(잡비유경 25번째 이야기)

돈을 사람으로 보지 말라

종경이라는 사람이 있었습니다.
몹시도 가난해서, 옷으로 몸을 가릴 수가 없었습니다. 배를 채우지 못해 배고픈 나날을 보냈습니다.
종경에게는 친척이 많았지만 그를 돌보아 주는 이는 없었습니다.
"저 거지가 또 오는군."
친척들은 고개를 돌렸습니다.
종경은 돈을 벌어야겠다는 생각을 하고 이웃나라로 갔습니다. 품팔이로부터 시작해서, 부지런히 일을 했습니다.
가난해서 설움 받던 일을 생각하며 일을 쉬지 않았습니다. 마침내 종경은 많은 돈과 보물과 재물을 모으게 되었습니다.
"이만하면 부자라는 말을 듣게 될 테지."
종경은 고국으로 돌아가기로 했습니다.
낙타와 나귀와 노새에 돈과 보물을 실었습니다. 나머지 재산을 말이 이끄는 여러 대의 수레에 실었습니다. 종경은 헌 옷을 입고 짐을 지고

앞장을 섰습니다.
고향 사람들은 종경이 돌아온다는 소문을 들었습니다.
"종경이 부자가 돼 돌아온다는군."
소문을 들은 친척들은 멀리까지 마중을 나갔습니다.
친척들은 헌 옷을 입고 짐을 지고 오는 종경을 만났습니다. 그러나 그가 종경인 줄은 모르고, 물었습니다.
"종경 씨는 어디쯤 오십니까?"
"저 뒤에 따라옵니다."
친척들이 뒤에 가서 물었습니다.
"종경 씨는 어디 오십니까?"
"맨앞에 가시는 저 분입니다."
친척들이 종경에게 달려와서 말했습니다.
"자네는 왜, 우리를 속이는가?"
종경이 대답했습니다.
"나는 종경이 아닙니다. 저 수레에 실린 보물이 종경일 겁니다.
(출요경 염품)

내 것이란 없다

길을 가던 나그네가 잘 곳이 없어 빈집을 찾아들었습니다.
막 잠이 들려 하는데 빨강 나찰 귀신이 사람의 주검을 하나 메고 들어왔습니다.
뒤따라 또 하나, 파랑 나찰 귀신이 들어와 시비를 벌였습니다.
"이 주검은 내가 먹으려고 둔 것이다!"
"아니다. 내 것이다!"
"그럼, 여기 사람이 누워 있으니 물어 보자."
나그네는 겁이 났으나 정직하게 말했습니다.
"앞서 들어온 빨강 귀신의 것이오. 그가 메고 왔소."
그러자 파랑 귀신이 벌컥 화를 냈습니다.
"뭐라구? 그럼 네 팔을 뜯어먹겠다!"

파랑 귀신은 나그네의 팔을 쑥 뽑아서 먹어 버렸습니다. 그러자 빨강 귀신이 사람의 주검에서 팔을 쑥 뽑아서 붙여 주었습니다.

"이번에는 다리를 뽑아 버리자"

그러자 빨강 귀신이 주검의 다리를 떼어다 붙여 주었습니다. 나그네의 머리와 몸뚱이까지 주검의 것으로 바뀌었습니다. 귀신들이 물러간 뒤, 나그네는 일어나서 길을 걸었습니다.

"지금 나는 부모가 낳아 주신 몸뚱이가 아니다. 내 몸은 몽땅, 귀신에게 먹혔다. 이것을 내 몸이라 할 수 있을까?"

나그네는 스님들이 있는 데로 갔습니다.

"헷갈려요. 이것도 내 몸이라 할 수 있는가요?"

나그네는 어제 밤에 있었던 일을 이야기했습니다.

스님들이 자기 몸을 가리키며 말했습니다.

"본래 내 것이란 없어요. 몸뚱이까지 내 것이 아니지. 내가 가진 이것도 내 몸뚱이는 아니어요."

(중경 찬 잡비유경 3번째 이야기)

3

이리로 흐르지 말라니까

때보나라의 꾀보

때보나라에는 때보들만 살았습니다.
때보나라 국민은 때를 씻지 않았습니다. 때보나라 임금은 이것이 큰 걱정이었습니다.

그는 신하들을 모아 놓고 명령을 내렸습니다.
"이건 나라 망신이다. 온 국민이 아침에 얼굴을 씻도록 하라. 자주 자주 목욕을 해서 몸을 깨끗이 하도록 하라."
명령이 내려지자 백성들이 몰려 왔습니다.
"대왕님. 아까운 때를 왜 씻으라 하십니까?"
"개나 고양이도 낯을 씻지 않습니다. 우리는 왜 때를 씻어야 합니까?"
"때 씻기는 죽는 것만큼이나 싫습니다."
백성들이 소란을 피우자 왕은 소리쳤습니다.
"아까워서 때를 씻을 수 없는 사람이나, 싫어서 못 씻겠다는 사람은 모조리 강제노동을 시키겠다. 아니면 감옥에 집어넣을 테니 각오하라!"
할 수 없이 때보 백성들은 때를 씻게 되었습니다. 그러나 이것은 아주 싫은 일이었습니다.
때보 나라에는 꾀보 한 사람이 살았습니다.
"죽어도 때는 씻기 싫다. 그렇다고 강제노동을 하거나 감옥에 가고 싶지도 않다. 꾀를 쓰자."
그에게는 보물 물통이 있었습니다. 이것으로 임금의 환심을 산 다음 때 씻기를 면제 받기로 꾀를 냈습니다. 그는 보배 물통을 임금께 가지고 가서 말했습니다.
"대왕님, 저는 이 보배 물통으로 물을 떠서 몸을 말끔히 씻었습니다.

이 물통을 대왕님께 드리려고 가져왔어요. 받아 주세요."
임금이 말했습니다.
"얼굴에 묻은 때를 숨길 수는 없다. 너는 때를 안 씻은 게 분명해. 벌을 줘야겠다. 강제 노동을 하려느냐, 감옥에 갈 테냐? 이놈!"
(백유경 74번째 이야기)

이리로 흐르지 말라니까

손끝 하나 꼼짝하기 싫어하는 게으름뱅이가 있었습니다. 그는 말끝마다 귀찮다, 싫다는 말을 달고 살았습니다.
"아이구 귀찮아. 일하기 싫어."
어느 날 게으름뱅이는 몹시 목이 말랐으나 이렇게 말했습니다.
"아이구 물 마시는 것도 귀찮다."
그러던 그는 할 수 없이 나무 홈통으로 가서 흐르는 물을 마셨습니다. 물을 마신 다음 게으름뱅이는 흘러오는 물에게 말했습니다.
"이젠 목마르지 않아. 물아, 다른 곳으로 흘러가 다오. 여기는 내 자리야."
그러나 물은 계속 홈통으로 흐르고 있었습니다.
"이리로 흐르지 말래도 자꾸 흐르네. 나는 싫도록 마셨다니까."
게으름뱅이는 물을 보고 화를 내었습니다.

지나가던 사람이 말했습니다.
"물더러 흘러 오지 말라 하지 말고 당신이 자리를 비키면 될 거 아니오?"
게으름뱅이가 말했습니다.
"말 시키지 마. 물러서기 귀찮아서 그래."
(백유경 38번째 이야기)

헛것에 쫓기는 아이들

간다르바국에 흉년이 들었습니다. 서른 명 아이들이 먹을 것을 찾아 이웃나라로 가고 있었습니다.

국경 지방에 바라신산이라는 험하고 높은 산이 있는데 사흘을 걸어야 넘을 수 있었습니다.

"이 산에는 락사사 귀신이 있다. 귀신이 나타나거든 무조건 달아나야 한다. 달려들었다가는 귀신의 밥이 된다."

우두머리 아이가 주의를 주었습니다.

산허리에 이르러 밤이 닥쳤습니다. 아이들은 모닥불을 피워놓고 밤을 세우기로 했습니다.

그 때, 한 아이가 버려진 옷가지를 하나 주워 보이며 말했습니다.

"여기 귀신의 옷이 있네."

락사사 귀신이 버리고 간 옷 같았습니다.

밤중이었습니다. 산중 기온이 매우 추웠으므로 한 아이가 일어나 귀신

옷을 덮어쓰고 모닥불을 쬐고 있었습니다. 그때, 잠을 깬 아이가
'모닥불 옆에 저게 뭘까?' 하고 살폈습니다. 틀림 없는 락사사 귀신이
었습니다. 그 순간, 그 아이는 큰소리로 외치며 달아났습니다.
"귀신이다.~ 락사사 귀신이 왔다!~"
다른 아이들도 자다가 일어나서
"아니, 귀신이라구?" 하며 우루루 달아나기 시작했습니다.
귀신의 옷을 입은 아이는
"아이들이 왜 달아나지? 정말 귀신이 나타난 모양이다!"
하고 달아나는 아이들을 뒤쫓기 시작했습니다. 그러자 아이들은
"저 귀신이 계속 뒤쫓아온다. 우리를 잡아먹으러 온다!" 하고
더욱 헐떡거리며 달아나고 있었습니다.

(백유경 63번째 이야기)

달아난 하인

다섯 사람이 하인 한 사람을 품삯으로 사서 일을 시켰습니다.
"내 옷을 빨아라."
"내 옷을 빨아라."
"내 옷도 빨아라."
"내 옷도 빨아야 한다."
"내 옷도 빨아!"
다섯 사람이 모두 빨래거리를 내놓자 하인이 말했습니다.
"주인님들 제발 이러지 마세요. 한꺼번에 많은 일을 할 수 없어요."
"내 방아를 찧어라. 이건 보리다."
"내 방아도 찧어라. 이건 조다."
"내 방아도 찧어다오. 이건 기장이다."
"내 방아도 찧어다오. 이건 피다."
"내 방아도 찧어야 한다. 이건 벼다."
다섯 사람이 모두 방아 찧을 곡식을 한 말씩 내놓았습니다.
"한꺼번에 이 많은 방아질을 할 수는 없어요."
하인이 빌었습니다.
"나는 똑같이 품삯을 내었다. 내 일을 안 하다니?"
"나도 때리겠다."
"나도 때리겠다."
"나도 한 찰 때리겠다."
"나도 한 찰!"
다섯 사람이 돌아가면서 하인을 때렸습니다.

견디다 못한 하인이 몰래 달아나고 말았습니다.

"어? 하인이 달아났다. 품삯만 떼였어!"

"나도 떼였어."

"나도."

"나도."

"나도 떼였네."

다섯 사람은 크게 뉘우쳤습니다.

(백유경 51번째 이야기)

나뭇가지에 맞은 여우

여우가 큰 나무 그늘에서 낮잠을 자고 있었습니다. 그때 바람이 불어 썩은 가지 하나가 떨어지면서 여우의 등을 때렸습니다. 낮잠을 자던 여우는 깜짝 놀라 달아나면서 소리쳤습니다.
"나무 님이 나를 때린다!"
여우는 종일 다른 데로 돌아다니면서 나무를 원망했습니다.
"나는 아무 것도 잘못한 게 없는데 나무 님이 화를 내며 나를 몽둥이로 내쫓았다. 허리 안 부러지기 다행이었지. 다시는 저 나무 밑에 가지 말아야겠어."
그러던 여우가 멀리서 그 나뭇가지가 흔들리는 걸 보았습니다. 바람이 불어서 흔들리는 것이었습니다. 그것이 마치 여우를 부르는 손짓 같았습니다.

"어? 저기 나무 님이 나를 부르고 있네. 나를 내쫓을 때의 감정이 이제 다 풀렸나 봐. 나를 용서해 주겠다는 걸까?"
여우는 한참 동안 망설였습니다. 그런데 나무는 계속 여우를 부르고 있었습니다. 다시 여우는 생각했습니다.
'저렇게 나무 님이 부르시는데 돌아가지 않을 수는 없지.'
나무 밑에 와보니 여우가 누웠던 자리에 커다란 나뭇가지 하나가 떨어져 있었습니다.
'아니? 나무 님이 나를 때린 게 아니었군. 나뭇가지가 절로 떨어지면서 나를 친 거였어. 공연히 나무 님을 원망했네.'
"나무 님! 제가 잘못했어요."
여우는 꾸벅 절을 한 다음, 시원한 그늘에서 다시 잠이 들었습니다.
(백유경 48번째 이야기)

쥐가 쏠은 옷

미신을 믿는 사람이 있었습니다. 그는 쥐가 쏠아서 구멍난 옷을 입으면 재난을 만난다는 말을 믿고 있었습니다.
어느 날, 쥐가 장농에 넣어 둔 옷을 쏠았습니다. 그는 아들을 불러, 일렀습니다.
"쥐가 쏠아 구멍 낸 옷은 불길하다. 아이들이나 하인들에게도 줄 수 없다. 손을 대지 말고 막대기에 걸치고 가서 묘지에 버려라."
아들은 아버지 바라문이 시키는대로 막대기에 옷을 걸치고 묘지 어귀로 갔습니다.
마침 부처님이 이것을 보셨습니다.
"청년이여, 그것은 무엇인가?"
"세존이시여, 이 옷은 쥐가 쏠은 것입니다. 불길한 것이므로 묘지에 버리려고 합니다. 다른 사람을 시키면 혹시 욕심이 나서 이 옷을 가졌다가 재앙을 만날까봐 아버지께서 저를 시키신 것입니다."
하고 묘지에 옷을 버렸습니다.
"그럼, 이 불길한 것을 내가 가지겠네."
부처님은 버린 옷을 주워 가지고 죽림정사로 가셨습니다.
청년은 빨리 돌아와 아버지께 이 사실을 이야기했습니다.

"부처님께서 이제 재난을 만나실 것이다. 지금이라도 다른 옷을 공양하여 그 옷을 버리시게 하자."

바라문은 몇 벌의 새 옷을 사람들에게 들려 부처님을 찾아갔습니다.

"세존이시여, 그 옷을 가지시면 재난을 만나십니다. 제자분들도 그 옷 때문에 재난을 만날 것입니다. 그걸 버리시고 가지고 온 새 옷을 대신 가지십시오."

부처님이 말씀하셨습니다.

"바라문이여! 우리는 출가한 사람이오. 그런 길흉에 얽매이지 않소. 우리에게는 이런 옷이 알맞소. 쥐가 쏠은 곳을 기워서 입을 것이오. 그러나 재앙은 오지 않을 것이오!"

부처님은 바라문이 가지고 온 옷을 받지 않았습니다.

(본생경 87번째 이야기)

참기 어려운 것을 참아

두 마리의 용이 서로 이야기했습니다.
"우리는 바다 속을 모조리 구경했다. 육지를 구경하러 가자."
두 마리의 용은 뱀으로 몸을 바꾸었습니다.
작은 뱀이 된 두 마리 용이 육지로 올라갔습니다.
"육지는 역시 볼만하군. 저기가 숲이고 바위인가봐. 산도 있고 하늘도 보이네."
"야, 저것이 시내다. 저것은 논밭……."
바닷속에서만 살던 두 마리 용은 육지의 광경이 신기하기만 했습니다.
그때, 커다란 독뱀이 앞을 가로막으며 말했습니다.
"요, 쬐그만 뱀아!"
한 마리의 용이 독뱀에게 달려들며 대꾸했습니다.
"쬐그맣다고? 우리를 정말 뱀으로 아나봐. 우리 근본을 알면 제가 놀라고 말걸."

"근본이라면 내가 그걸 보여 주지."
독뱀이 말하고 독거품을 뿜어내기 시작했습니다.
두 마리의 용은 독뱀의 독을 피해서 물러섰습니다. 화를 내던 뱀이 계속 말했습니다.
"우리가 이래 뵈도 풍운조화를 맘대로 하는 신통력자다. 네들 따위는 벼락 한 방으로 납작하게 만들 수 있어."
그때, 입을 다물고 있던 한 마리 용이 타일렀습니다.
"참자 참아. 참지 못할 것을 참는 쪽이 훌륭해."
두 마리 용은 바다로 돌아가기로 했습니다. 돌아가는 마당에서 용의 조화를 보이기로 했습니다. 구름을 모으고 벼락을 치며 우뢰소리를 울리자 사람과 귀신이 모두 놀랐습니다.
독뱀은 무서움에 질려, 이레 동안 아무 것도 먹지 못했습니다.
(육도집경 인욕도무극장)

바보형 재

어느 마을에 형제가 살았습니다. 형
니다. 어떤 사람도 형의 고집을 꺾
 떠나면서 말했습니다. "물려 준 재
버지가 세상 떠난 다음 형제는 재산
것을 가지셔요. 저는 이것을 갖겠습
니다." "그것은 공평하지 않아. 어떻
야!" 마침 한 사람의 노인이 지나가
"왜 그렇게 다투는가?" "아버지 유
그럽니다." 이 말을 들은 노인은 우
"정말 공평하게 나누려면 모든 물

말을 듣자 형은 "어르신 말씀이 지
하고 모든 물건을 절반씩 쪼갰습니
다. 먼저 옷을 절반씩 잘랐습니다.
모두 절반으로 쪼갰습니다. 밥솥을
주걱과 밥상도 절반으로 쪼개고 돈
으로 쪼개고 외양간에 구유도 절반
와 수레도 절반으로 쪼갰습니다. 다
었습니다.

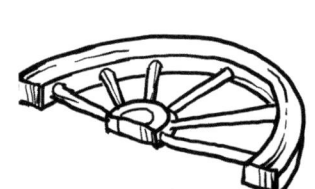

산 나누기

은 고집 세고 어리석은 사람이었습
지는 못했습니다. 아버지가 세상을
산을 형제가 똑같이 나누어라."아
을 나누기로 했습니다. "형님은 저
니다." 동생이 말하자 형은 우겼습
게 하든지 똑같이 나누어야 되는거
다 형제가 다투는 걸 보았습니다.
산을 공평하게 두 몫으로 나누려고
스개 말로 일러 주었습니다.
건을 둘로 쪼개는 수밖에 없네." 그

당합니다. 그렇게 나누겠습니다."
다. 형의 고집은 어쩔 수 없었습니
항아리와 물동이와 밥그릇들, 병을
절반으로 쪼갰습니다. 숟가락과 밥
도 절반으로 쪼갰습니다. 집도 절반
으로 쪼갰습니다. 괭이와 삽과 장기
나누고 보니 쓸 물건은 하나도 없

(백유경 58번째 이야기)

지혜라는 무기

바라나시 나라 다섯무기라는 왕자가 간다라의 탁실라에 무예를 배우러 갔습니다. 공부를 다 마쳤을 때 스승이 말했습니다.
"다섯무기야, 이제 무예 공부는 마쳤다. 너의 이름에 다섯 가지 무기를 줄 테니 가지고 가서 정의를 실현해라."
스승이 주는 무기는 활과 칼, 창 그리고 쇠몽둥이였습니다.
"스승님, 이건 네 가지 무기밖에 되지 않습니다."
왕자가 말했습니다.
"다섯무기야. 하나의 무기는 네 마음 속에 넣어 준 지혜다. 그것이 가장 큰 무기이니라."
"예, 스승님 고맙습니다. 용기로써 나쁜 무리를 바로잡겠습니다."
다섯무기 왕자는 스승에게 인사하고 바라나시를 향해 떠났습니다.
어느 숲에 이르렀습니다. 숲을 지나가려 하자 사람들이 왕자에게 말했습니다.
"들어가지 마셔요. 이 곳에는 끈끈이 털 야차가 있어요."
"끈끈이 털 야차라니요?"
"사람을 잡아먹는 귀신입니다. 키는 다라나무 높이만하지요. 머리는 둥그런 탑모양이랍니다. 눈은 항아리만큼이나 크고, 입은 매의 부리처럼 날카로와요. 방아 공이 같은 어금니가 둘 나 있지요. 듣기만 해도 소름이 끼칩니다. 배는 잡색이고 손발은 갈색이어요."
"그건 걱정 없어요. 무기가 있거든요."
"무기가 소용 없어요. 온 몸에 끈끈이 털이 나 있어요. 무기는 모두 끈끈이 털에 붙어버려요."

"그래도 걱정 없습니다. 무기로 못 당하면 지혜의 힘으로라도 이길 수 있지요. 그 괴물 거인을 이 숲에서 쫓아낼 거여요."

다섯무기 왕자는 큰소리 치고 야차의 숲으로 들어섰습니다. 과연 야차가 있었습니다. 사람들이 일러 준 그대로의 무서운 모습이었습니다.

"밥이 왔군, 밥이 왔어. 해해해."

거인 야차는 왕자를 보고 이상한 웃음을 웃었습니다.

"나를 밥이라고? 나는 다섯무기 왕자다. 내 화살을 받아라!"

왕자는 끈끈이 털 야차를 향해 할라할라 독약을 묻힌 활을 쏘았습니다. 그런데 쉰 개의 독화살이 모두 야차의 끈끈이 털에 붙고 말았습니다.

'사람들 말이 맞구나.'

다섯무기 왕자는 칼을 들고 다라나무 높이만한 야차에게 달려들었습니다.

"얼씨구. 꽤 용감하군. 그런 무기로는 나를 간지럽히지도 못할 걸."

칼이 야차의 끈끈이 털에 붙어 버렸습니다. 창과 쇠몽둥이로 야차를 공격했습니다.

"얼씨구. 창도 있고, 쇠몽둥이도 있네."

창도 쇠몽둥이도 끈끈이 털에 붙어, 떨어지지 않았습니다.

무기를 다 잃어버린 다섯무기 왕자는 맨 몸뚱이로 야차에게 달려들며 소리쳤습니다.

"나는 무기를 믿고 여기 온 게 아니다. 주먹으로 너를 넘어뜨리겠다!"

그러나 주먹이 야차의 끈끈이 털에 붙어 버렸습니다. 머리로 받으려 했습니다. 머리도, 손발도 끈끈이 털에 들러붙어 꼼짝을 할 수 없게 되었습니다.

"어떠냐? 네 힘으로 나를 이길 것 같으냐? 해해해. 너를 한 입에 먹어 버려야겠어."

왕자는 다시 소리쳤습니다.

"나는 야차 따위를 두려워하지 않는 이유가 있다. 내 뱃속에는 날카로운 금강검이 있다. 나를 먹으면 이 칼이 너의 뱃속을 찔러 죽일 것이다. 그래서 야차를 겁내지 않는 거다. 알겠니? 어리석은 거인 괴물아!"

이 말을 듣고 야차는 생각했습니다.

'저 꼬맹이가 유명한 다섯무기 왕자임에 틀림없다. 이 거인 야차를 겁내지 않는 이유가 있을 것이다. 그의 용기는 대단하다. 저만한 용기라면 내 뱃속에 들어가서 그냥 죽지는 않을 것이다. 금강검은 내가 소화할 수 있는 음식이 아니다. 뱃속에 들어가면 그 칼이 내 뱃속을 찔러, 나를 죽일 것이다.'

여기까지 생각한 끈끈이 털 야차는 그만 겁이 덜컥 났습니다.

다섯무기 왕자를 끈끈이 털에서 떼어 놓은 다음,

"왕자님, 내가 졌습니다. 용서하셔요." 하고 달아나고 말았습니다.

(본생경 55번째 이야기)

***바라나시** 중인도에 있었던 나라. 오늘날의 베나레스. 가시국이라고도 불렀다.
***탁실라** 고대 인도 서북부의 문화중심도시. 오늘날의 파키스탄 편잡주에 있었다.
***다라나무** 인도, 버마, 스리랑카 등 열대지방에 자라는 나무. 키가 높고, 잎이 부채 모양이다.

원숭이의 간

갠지즈강의 물속에 악어 내외가 살고 있었습니다.
"원숭이 심장을 먹고 싶어 못 견디겠어요."
아내 악어가 말했습니다.
"그것을 구하기는 어렵소. 우리는 물속에 살고, 원숭이는 숲에 사는 짐승이오."
남편 악어가 말했습니다.
"원숭이 심장을 구해 오지 않으면 나는 죽어 버릴 테예요."
아내 악어는 계속 남편을 졸랐습니다.
성화에 못 이긴 남편 악어는 물가로 나왔습니다. 마침 물가의 숲에 원숭이 한 마리가 있었습니다. 악어는 '옳지 되었다.' 하고 원숭이에게 꾸벅 절을 했습니다.
"위대한 숲의 왕이여, 갠지즈강 저쪽 언덕에 암라열매가 많은 것을 아셔요?"
"알고 있네. 그러나 나는 저 넓은 강을 건널 수 없어."
"숲의 왕이여, 만일 왕이 건너고 싶어하시면 건너 드리겠습니다. 내 등을 타셔요."
악어의 거짓말에 넘어간 원숭이는 악어의 등을 타고 강을 건넜습니다. 그런데, 강 복판에 이르자 악어가 물속으로 들어가려 했습니다.
"여보게, 나를 물속에 집어넣을 생각인가?"
원숭이는 속으로 놀라며 말했습니다.
"이 미련한 짐승아, 내가 아무 이득 없이 너를 태우고 가는 게 아니다. 갠지즈를 건너는 게 아니고 내 집으로 가는 거야. 내 아내가 네 심장을 먹고 싶다고 성화란다."

원숭이는 더욱 놀랐지만 태연하게 말했습니다.

"자네야말로 미련한 생각이었네. 왜 진작 그 말을 해 주지 않았나, 지금에라도 말을 했으니 다행일세만. 원숭이들이 심장을 뱃속에 넣어 가지고 다닌다면, 우리가 나뭇가지 사이를 건너뛰고 할 때 다 부서질 게 아닌가?"

"그럼, 다른 곳에 두고 다니는 건가?"

"그야, 그럴 수밖에 없지. 우리 원숭이들은 심장을 꺼내어 나뭇가지에 걸어 두고 다니네. 그것을 아직 보지 못했다면 자네는 아주 상식이 없군."

이번에는 악어가 원숭이의 능청스런 거짓말에 넘어갔습니다.

"그럼 그 심장을 나에게 줄 수 있겠나? 나는 자네를 죽이지 않겠네."

"줄 수 있고 말고. 오던 길로 되돌아가 주게. 나무에 걸린 것을 떼어다 줄 테니. 우리 원숭이야 그 따위 심장 정도는 없어도 건강하게 살 수 있네."

악어는 원숭이를 태우고 강가로 되돌아왔습니다. 원숭이는 악어의 등에서 팔짝 뛰어 나무 위로 올라갔습니다. 그리고 악어에게 소리쳤습니다.

"이 미련한 동물아! 내 심장이 정말 나뭇가지에 달려 있다고 생각했니? 마음 내키거든 저 나무 열매나 따 가렴."

"놓쳤군. 내가 어리석었어."

악어는 한탄했습니다.

(본생경 2098번째 이야기)

누구나 다 알지만 잘 안읽은 이야기
팔만대장경 ❷

All rights reserved.

All the contents in this book are protected by copyright law.

Unlawful use and copy of these are strictly prohibited.

Any of questions regarding above matter, need to contact nanoky@naver.com

이 책에 수록된 모든 콘텐츠는 저작권법에 의해 보호받는 저작물이므로 무단전재와 무단복제를 금합니다.

nanoky@naver.com으로 문의하기 바랍니다.

펴낸 곳 | 도서출판 솔바람

펴낸이 | 이동출

기획한이 | 형난옥

엮은이 | 신현득

그림그린이 | 송교성

편집 | 김용란

디자인 | 김용아

초판 1쇄 발행 | 2018년 9월 25일

초판 2쇄 발행 | 2020년 8월 8일

등록일 | 제5-191호 1989.07.04

주소 | 서울시 종로구 삼봉로 81 두산위브 파빌리온 1231호

전화 | 02- 720- 0824 팩스 | 02- 391- 1598

ISBN 978-89-85760-95-9   74220

ISBN 978-89-85760-90-4   74220 **(세트)**